CARLO MARIA MARTINI

MEIN LEBEN

CARLO MARIA
MARTINI
MEIN LEBEN

Titel der Originalausgabe: *Il mio novecento,*

Übersetzung aus dem Italienischen:
Stefan Liesenfeld

1. Auflage 2007

Gestaltung und Satz: Neue-Stadt-Graphik
Druck: fgb – freiburger graphische betriebe,
Freiburg i. Br.
ISBN 978-3-87996-693-6

Ich freue mich, dass ich ausgerechnet hier in Jerusalem mit der Erzählung aus meinem Leben beginnen kann. Denn diese Stadt, so könnte man sagen, ist der Traum meines ganzen Lebens gewesen. Die Gründe werden vielleicht im Lauf der Erzählung ersichtlich.

Für mich ist Jerusalem das Zentrum der menschlichen Geschichte, das Zentrum der Welt. Anders als die gängige öffentliche Meinung sehe ich die Stadt nicht zuerst als die Stadt der Konflikte, sondern eher als Stadt des Gebets. Hier wird viel gebetet: Freitags beten die Muslime; samstags beten die Juden, die den Sabbat sehr bewusst begehen; sonntags beten die Christen. Und dann gibt es noch die vielen Fest- und Feiertage.

Jerusalem ist auch die Stadt des Dialogs; er wird hier intensiv gepflegt, auch wenn dem Augenschein nach die Konflikte vorherrschen.

Und nicht zuletzt ist Jerusalem die Stadt der Liebe; es gibt viele Gesten und Zeugnisse liebevoller gegenseitiger Aufmerksamkeit.

Wenn ein Mensch das Wort Gottes hört, wird er ein freies, aktives Subjekt; er vermag große Projekte anzugehen und weiß: Die ganze Welt ist ihm anvertraut.

In Jerusalem ist dieses Wunder Wirklichkeit geworden – durch das Wirken vieler großer Gestalten wie David, Jesaja oder Jeremia. An diesen Stätten hier ist Gottes Wort erklungen, hier haben sich durch Gottes Fügung Ereignisse abgespielt, die nach seinem Willen zur Wiederherstellung, zur Heilung, zur umfassenden Befreiung des Menschen führen sollten.

Natürlich gibt es daneben das andere: Auch die Konflikte gehören zur Realität.

Geboren bin ich in Turin, am 15. Februar 1927, in einer Familie, in der wir Kinder viel Zuwendung und Liebe bekommen haben. Besonders erinnere ich mich daran, mit welcher Hingabe meine Mutter für mich da war, wenn ich wieder einmal eine der vielen kleinen Krankhei-

ten durchmachte, die mich in meiner Kindheit und Jugend plagten. Sie war eine gläubige Frau mit einem tiefen Gebetsleben, ohne Frömmelei, bedacht auf die Erfüllung ihrer Pflichten. Sie hielt uns an, am ersten Freitag eines jeden Monats zur Kommunion zu gehen; schon früh ging sie mit uns in die Pfarrkirche, um die Eucharistie zu empfangen.
Ich weiß noch, dass es danach Milchhörnchen mit Schokolade gab; die Mutter gab jedem von uns eines – zum Zeichen, dass es ein besonders festlicher Tag war.

Mein Vater war ein gestrenger, aufrichtiger Mann. Als beispielsweise die Rationierungsgesetze erlassen wurden, die offenkundig unzureichende Mengen an Lebensmitteln zur Verteilung vorsahen, umgingen die Leute in aller Regel die Bestimmungen. Mein Vater nicht. Er war überzeugt, dass das Gesetz zu beachten sei, und nahm lieber Opfer auf sich, als sich gesetzwidrig zu verhalten. Er hat immer mit großem Einsatz gearbeitet. Von Beruf war er Bauingenieur; er hatte ein

Bauunternehmen und hat viele Häuser und öffentliche Bauwerke in Turin errichtet, unter anderem das Polizeipräsidium und Teile des Krankenhauses *Le Molinette*. Ganz der Arbeit hingegeben, schlief er nachts wenig; wir sahen ihn oft an seinem kleinen Tisch rechnen oder schreiben. In beruflicher Hinsicht war er stark engagiert; die Religion war nicht so sehr seine Sache. In die Kirche musste man ihn manchmal ein wenig ziehen.

* * *

Lebhaft erinnere ich mich an unsere Kindheit, an das Beisammensein mit meinen beiden Geschwistern. Mein Bruder ist drei Jahre älter als ich, meine Schwester kam einige Jahre nach mir auf die Welt. Ich kümmerte mich viel um sie, bis ich, gerade neun Jahre alt, ins Jesuitenkolleg eintrat und praktisch für viele Jahre von zu Hause weg war.

Mir kommen die Spiele mit meiner Schwester in den Sinn und die zahlreichen Kabbeleien mit meinem Bruder; es gab beides, wie es halt so ist im Familienleben, und auch in der Erinnerung ist beides lebendig.

Meine Eltern sorgten dafür, dass wir immer eine schöne Ferienzeit hatten. Die Ferien waren regelmäßig dreigeteilt: Die erste Phase verbrachten wir am Meer, in Alassio an der ligurischen Küste. Dann ging es in die Berge (das mochte ich am liebsten!). Wir zogen ins Aostatal und

machten viele Touren und Ausflüge. Mein Vater, der ein guter Bergsteiger war, nahm uns mit auf recht hohe Gipfel. Klettertouren freilich waren seinerzeit nicht üblich. Leider, muss ich aus heutiger Warte sagen: Als ich in den Achtzigerjahren mit dem Klettern begann, hätte ich mich gefreut, darin von klein auf geübt zu sein, statt es von der Pike auf lernen zu müssen.

Den September verbrachten wir dann auf dem Land, in unserem Haus in Orbassano. Dort radelten wir die ganze Gegend ab und besuchten die Leute aus dem Dorf. Es war eine friedvolle, ruhige Zeit bis zum Beginn des neuen Schuljahres. Die anhaltenden Endseptember-Regenfälle erschienen uns wie eine Ankündigung, dass die Zeit zum Aufbruch nahte und die Schule uns wieder erwartete.

* * *

An einige Schulkameraden erinnere ich mich gut. Manche schreiben mir heute noch und möchten mich wieder einmal treffen – … wenn ich sie sehe, wird mir bewusst, wie alt ich schon bin! Wie viel haben wir in jenen Jahren gedankenverloren miteinander gespielt!
Die Freunde, mit denen ich in den Bergen zusammen war und so manchen gemeinsamen Ausflug machte, stehen mir besonders lebendig vor Augen. In unserer Begeisterung für die Berge machten wir uns manchmal auch gegen den Willen der Eltern aus dem Staub. Mit etwas Brot und Käse in der Tasche stiegen wir hinauf auf Gipfel, die nicht ganz ungefährlich waren.

Meine schönsten Erinnerungen aber sind die an die Momente zu Hause, wenn wir abends mit den Eltern beisammen saßen und plauderten.

Sobald im Radio – Fernsehen gab es ja noch nicht – die „Meldungen des Regimes“ begannen, sagte mein Vater: „Mach das Radio aus!“ Dann unterhielten wir uns.

An traurige Momente kann ich mich kaum erinnern. Es gab einige Todesfälle, den Tod meines Großvaters und meiner Großmutter, doch für uns Kinder war der Tod irgendwie etwas Natürliches; seine Tragik empfanden wir nicht. Es war ein Schmerz, Abschied nehmen zu müssen, doch auf unser Leben warf das keine dunklen Schatten. Auch das Abschiednehmen war umfangen von einem Grundoptimismus, einem von Freude und Vertrauen geprägten Lebensgefühl.

Die religiöse Erziehung, die ich zu Hause von meiner Mutter erhalten hatte, wurde in der Jesuitenschule, dem *Istituto Sociale* in Turin, weitergeführt. Sicher, das Leben dort war von einer kargen Strenge. Ich bewunderte sehr, wie sich die Patres ihrer Arbeit hingaben, ihre große Treue und auch ihre menschlichen Tugenden.

Seit dem zehnten Lebensjahr war es für mich klar, dass ich mein ganzes Leben in den Dienst Gottes stellen wollte; denn er verdiente die Ganzhingabe der eigenen Existenz. Ich traf also diese Entscheidung, sagte aber niemandem etwas. Nur meine Mutter ließ ich es, ohne es direkt zu sagen, irgendwie wissen. Zwischen ihr und dem Pater, der mein geistlicher Begleiter war, gab es eine Übereinkunft, während meiner Gymnasialzeit nichts davon zu sagen.

Im *Istituto Sociale* wurde ich streng und zugleich sehr frei erzogen. Insbesondere beeindruckte mich, dass die Patres häufig von der Heiligen Schrift, vom Wort Gottes, sprachen. Freilich lasen sie fast nie daraus vor; in der heiligen Messe hörten wir einige Abschnitte auf Latein, die dann kurz erklärt wurden.

Ich sagte mir: Wenn das wirklich Wort Gottes ist, dann muss man es doch lesen können! Und so machte ich mich in den Turiner Bibliotheken auf die Suche nach einer vollständigen italienischen Ausgabe des Neuen Testaments. Ich fand Bücher mit den Evangelien, doch eine aus dem Griechischen übersetzte vollständige italienische Ausgabe war schwer aufzutreiben. Erst nach etlichen Anläufen gelang es mir, eine zu finden. Damals war ich elf, zwölf Jahre alt. Es war der Beginn meiner Liebe zur Heiligen Schrift. Nach den neutestamentlichen Schriften wollte ich dann auch alle anderen biblischen Bücher lesen. Ich kannte die Bibel so wenig, dass ich mich fragte, ob es sich um Poesie oder Prosa handelt. In meinem Umfeld konnte man mir nicht einmal diese Frage befriedigend beantworten.

Mit fünfzehn begann ich das Buch Hiob zu lesen – in einer gerade erschienenen großartigen italienischen Ausgabe. Immer mehr verliebte ich mich in die Heilige Schrift. Zunächst trieben mich die Neugier und das literarische Interesse, dann waren es die Inhalte, die meine Aufmerksamkeit auf sich zogen.

Besonders eine Frage interessierte mich, als ich mich mehr in die Evangelien vertiefte: Ich wollte wissen, wie es um ihre Historizität steht. Ich fragte mich: „Sind diese Begebenheiten wirklich passiert? Sind sie *so* passiert, wie es da steht?" Ich las Bücher über Bücher, historisch-kritische, literarkritische und apologetische Werke und muss gestehen, dass die Bücher zur Verteidigung der Wahrheit der Evangelien mich nicht befriedigten. Ich fand sie ein wenig altbacken. Anziehender waren die anderen, die kritischen, die beispielsweise die geschichtliche Gestalt Jesu in Frage stellten; in denen war Begeisterung zu verspüren.

Mir ist dann aufgegangen, dass man die Historizität der Gestalt Jesu letzten Endes nur dann abstreiten kann, wenn man die Evidenz der Dokumente leugnet. Doch dann müsste etwas ausblenden, was man im Grunde selber weiß. Wenn man sich hingegen an die Texte, an die Dokumente hält, muss man zwangsläufig die substanzielle geschichtliche Wahrheit der Evangelien anerkennen.

Für mich war das eine wichtige Einsicht, eine wirkliche Errungenschaft. Ich habe dazu viele Jahre intensiver Arbeit und Studien benötigt; im Grunde kam meine Suche erst zum Abschluss, als ich mit dreißig Jahren das Päpstliche Bibelinstitut besuchte und lesen konnte, was in aller Welt gegen die Geschichtlichkeit der Evangelien geschrieben worden war. Am Ende dieser Studien war ich überzeugt, dass ich mir nun endlich ein Urteil bilden könne; denn die Argumente waren mir alle wohlbekannt.

Jeden Samstag wurden wir zusammengerufen (zumindest hätte es nach den Vorschriften so sein sollen) zu den Exerzierstunden für die Jungen und die „balilla“, einer Einrichtung des faschistischen Regimes für die vermeintliche Avantgarde unter den Heranwachsenden.
Ich weiß noch gut, wie eines Samstags ein gewisser Herr zur Schule der Jesuiten kam, die immer grummelten, wenn es um diese Zusammenkünfte ging. Er fragte uns: „Wollt ihr die erste Mannschaft von

Turin sein und immer zu allen Versammlungen kommen, zu allem bereit?"
Die Antwort war ein lautes, einhelliges „Nein!" Der Betreffende schaute verdutzt drein und begriff, dass er sich von unserer Gruppe nichts erwarten konnte.

* * *

Ganz lebendig erinnere ich mich an den 10. Juni 1940, den Tag der Kriegserklärung Italiens. Wir wohnten in Turin in einer Wohnung in der *Via Cibrario,* nahe beim großen *Palazzo Statuto,* und gerade in diesen Tagen waren wir dabei umzuziehen. Mein Vater hatte eine recht schöne Wohnung mit Blick auf die Hügel und den Po gefunden; die letzten Arbeiten waren gerade im Gang, einige Handwerker befanden sich noch im Haus. Plötzlich erreichte uns die Nachricht, dass Mussolini gleich im Radio spreche werde. Sofort ließen wir alle Arbeiten liegen und setzten uns um den Radioapparat. Leider erwartete uns nichts Gutes.

Eine düstere, schwere Atmosphäre legte sich über alles. Als die Leute dann hörten, wie die Kriegserklärung ausgesprochen wurde, waren ihre Gesichter noch ernster. Versunken in eine abgrundtiefe Traurigkeit, wagte niemand ein Wort des Kommentars.

Als die Rede zu Ende war, eine Rede, die feurig gedacht war und hätte entflammen sollen, waren alle sprachlos und stumm. Langsam machte man sich wieder an seine Arbeit. Uns erschien dieser Krieg vor allem als ein feiger, niederträchtiger Akt; denn er war gegen Frankreich gerichtet, dass schon vor der Kapitulation stand. Schon aus Anstand und menschlicher Loyalität hätte das nicht geschehen dürfen. Und die Bindung an das damals siegreiche Deutschland erschien uns als der letzte große Fehler des Faschismus, der uns in die Katastrophe führen würde. Mit angehaltenem Atem blickten wir in eine Zukunft voller dunkler Schatten. Diese Ahnungen bewahrheiteten sich nicht sofort; in den darauffolgenden Tagen herrschte äußerlich die gewohnte Ruhe, doch sehr bald begannen dann die Bombenangriffe und Evakuierungen.

Wir Kinder haben nicht so sehr gelitten; unsere Eltern umsorgten uns nach Kräften und gaben sich alle Mühe, uns Leid und Unbill zu ersparen. Wir zogen in unser Landhaus nach Orbassano. Dort waren wir ein wenig geschützter vor möglichen Bombardierungen, auch wenn wir nicht ganz sicher sein konnten, denn Turin lag nur wenige Kilometer entfernt. Mein Vater ließ im Garten einen Schutzraum errichten; ein Loch wurde ausgehoben und mit großen Baumstämmen bedeckt.
Dieser Raum wurde auch von anderen Familien aus der Nachbarschaft benutzt. Wenn die Sirene ertönte, stiegen wir alle hinunter. Wir Kinder waren nicht einmal unglücklich über die nächtlichen Bombenalarme: Für uns war es wie ein Abenteuer. In unserer Unbedarftheit und Ahnungslosigkeit wollten wir nicht im Schutzraum bleiben, sondern rannten heraus, um die

Flugzeuge zu sehen. Immer noch sehe ich vor mir, wie die Leuchtraketen wenige Kilometer von uns entfernt auf das Fiat-Gelände niedergingen. Der ganze Himmel färbte sich gelb, dann fielen die Bomben. Ohne an die Gefahren zu denken, standen wir da und schauten zu. Die Mutter rief, wir sollten herunterkommen, doch wir wollten nicht.

Als die Bombenangriffe aus Frankreich aufhörten, kehrten wir nach Turin zurück. Es folgten heftigere Angriffe, diesmal aus England. Wir hörten nachts die Flugzeuge kommen, gingen jedes Mal wieder in einen Schutzraum hinunter, wo auch die Freunde waren, und unterhielten uns. Die Angriffe bereiteten uns keine übermäßigen Sorgen; wir Kinder wünschten uns, dass die Schule einmal getroffen würde und wir am nächsten Tag frei hätten. Eines Tages passierte es tatsächlich: Wir erfuhren, dass die Schule bombardiert worden war und der Unterricht ausfiel.

Einige Zeit später erreichte uns die Nachricht, dass das Jesuitenkolleg, das ich besuchte, das *Istituto Sociale,* nach Gozzano am Ortasee verlegt würde. Meine Eltern entschieden sich, mich dorthin zu schicken. So besuchte ich dort die erste und zweite Lyzeum-Klasse. An den Ort erinnere ich mich lebhaft, denn er war noch von den Deutschen besetzt, während die Partisanen sich einige Kilometer entfernt aufhielten. Immer achtete man auf ihre Bewegungen; unter uns entbrannten viele Diskussionen.

Unser Literaturlehrer, ein Mann von großer geistiger Offenheit, sprach zu uns über die Zukunft Italiens, über den Mut der Partisanen, ihre heldenhafte Bereitschaft, das eigene Leben hinzugeben, über die vaterländischen Werte und den Wert der Freiheit. Von diesen Unterweisungen wurden wir genährt; wir beschäftigten uns mit der Odyssee und den Abenteuern des Odysseus und fanden darin die Geschehnisse unserer Zeit wieder.

Eine Episode hat tiefen Eindruck auf uns gemacht. Einer von uns war, vielleicht als Einziger in der Klasse, den Faschisten wohlgesonnen. Eines Tages fing er an, hinten im Klassenzimmer provokativ in seinem Schulranzen herumzuhantieren. Der Lehrer sah ihn an und fragte, was er da in der Hand habe. Es waren Pistolen. Die Lage hätte dramatisch werden können; wenn Deutsche vorbeigekommen wären, hätten sie uns wohl alle erschossen. Da tat mein Lehrer etwas, das ich für heroisch halte: Er ließ die Pistolen aufs Pult legen und hielt seinen Unterricht; er sprach wieder von den Partisanen und ihren Idealen. Auf uns machte er mächtig Eindruck: Das war eine große Lehrerpersönlichkeit, einer, der den Tod riskierte, einer, der es wagte, über Werte zu sprechen.

So viel zu einigen Erinnerungen aus dieser Zeit, die alle ganz persönlich berührte: Die Evakuierungen, Bombenangriffe und Rationierungsmaßnahmen bekam jeder zu spüren. Es gab kaum etwas zu essen, auch wenn unsere Eltern – wie auch die Jesuitenpatres in der Kollegschule – sich nach Kräften bemühten, es uns an nichts fehlen zu lassen.

* * *

Dann kam das Ende des Krieges und der endgültige Fall des faschistischen Regimes. Zeitungen hatten wir keine, Radio hörten wir nicht, aber immerhin erhielten wir hier und da eine Nachricht. Was wir unmittelbar mitbekamen, das waren die letzten Gefechte zwischen den Partisanen in der Gegend um Cuneo und den Besatzungstruppen. Unser Haus wurde durch eine Bombe beschädigt; alle Fenster gingen zu Bruch. Wir blieben den ganzen Winter über da, ohne Heizung und ohne eine Möglichkeit, die Fenster zu ersetzen. Notdürftig schlossen wir sie mit Kartons. Trotz der kalten Zugluft wurde niemand ernsthaft krank.

Der Albtraum des Faschismus, den wir in so jungen Jahren kennengelernt hatten, war also vorbei. Geblieben ist, ehrlich ge-

sagt, die Erinnerung an eine große Narrenposse, an hohles Wortgedröhne und substanzlose Reden. Als wir die öffentliche Schule besuchten, vor allem in der dritten und vierten Grundschulklasse, mussten wir oft über den Faschismus schreiben. Wir taten es eher belustigt; zu lächerlich und erkennbar ohne Substanz war das alles, so pompös es sich auch präsentierte.
Schon nach den ersten Kriegshandlungen, in denen sich die italienische Armee als völlig unvorbereitet erwies, zeigte sich, dass wir recht daran getan hatten, denen, die uns so lange geführt und getäuscht hatten, nicht zu vertrauen.

Im Noviziat erreichten uns nur die aufsehenerregendsten Nachrichten. Ich denke an die Nacht, in der die riesige Brücke zerstört wurde, die Cuneo mit den anderen Teilen der Ebene verband, so dass die Stadt von der Außenwelt abgeschnitten war.
Die Nachricht vom Kriegsende wurde mir von meinem Vater überbracht, der die

80 Kilometer von Orbassano nach Cuneo mit dem Fahrrad zurücklegte, um es mir persönlich zu sagen. Während eines Spaziergangs sah ich ihn kommen, am Kiesbett des Flusses Gesso trafen wir uns. Der Albtraum war vorbei, der große Augenblick des Wiederaufbaus war gekommen, und dieser ist mir in noch lebendiger Erinnerung. Es war eine Zeit der Armut und der Begeisterung.

Mit den Eltern vor der Abreise ins Noviziat,
24. September 1944

Am Ende der Zeit im Lyzeum wurde mein Wunsch, in die Gesellschaft Jesu einzutreten, konkreter. Um den Eintritt zu beschleunigen, entschloss ich mich, eine Klasse zu überspringen und die Prüfungen für das nächste Jahr gleich mitzumachen. Es war ein anspruchsvolles

Examen; denn der Stoff von drei Jahren wurde abgefragt, die ganze griechische, lateinische und italienische Literatur, Geschichte und die naturwissenschaftlichen Fächer. Ich erinnere mich gut, wie ich die Nächte mit Lernen zubrachte. Das Examen legte ich in Turin am Lyzeum *D'Azeglio* ab, zu einer Zeit, als immer noch Bombenangriffe drohten.
Im September trat ich in Cuneo in die Gesellschaft Jesu ein. Ich war 17. Die Reise von Turin nach Cuneo war wahrlich abenteuerlich. Bei der Abfahrt wurden wir darauf hingewiesen, dass unser Zug anhalten würde, wenn sich Bomber näherten oder Flugzeuge im Tiefflug kämen, um uns unter Maschinengewehrfeuer zu nehmen; wir müssten dann aussteigen, uns in einen Graben flüchten und abwarten, bis der Angriff vorüber sei. Einige Ängste durchlebten wir schon, und doch war es unserem Empfinden nach vor allem ein Abenteuer. Meine Mutter war übrigens mit dabei; sie begleitete mich bis ins Novizenhaus und blieb noch zum Mittagessen.

Dann war ich allein. Ein neuer Lebensabschnitt mit neuen Erfahrungen begann. Der Eintritt ins Noviziat war etwas Wichtiges; denn damit begann die Hinführung zum Ordensleben als Jesuit. Ich denke an diese Ausbildung mit besonderer Dankbarkeit; denn einerseits war sie hart und streng, andererseits war es eine Erziehung zur Freiheit, zur persönlichen Gewissensentscheidung, zur „Unterscheidung der Geister" – spirituell wie intellektuell. Die Ausbildung war also rigoros und befreiend zugleich.

Nach dem Krieg begann die Zeit des Wiederaufbaus, die wie gesagt von extremer Armut – es fehlte an vielem – und großem Enthusiasmus geprägt war. Man wollte etwas tun, Neues auf die Beine stellen und organisieren. Es war ein gänzlich ungewöhnlicher Moment, der in der Geschichte der Zivilgesellschaft schwerlich seinesgleichen findet. In der Kirche habe ich etwas Ähnliches einige Jahre später im Zweiten Vatikanischen Konzil erlebt.

Vor allem die Jahre von 1946 bis 1948 waren Jahre des Aufbruchs. Wir Philosophiestudenten, „eingesperrt" ins Studium der scholastischen Philosophie, bekamen dies alles nur indirekt mit. Ehrlich gesagt waren die drei Jahre der theoretischen Vertiefung in die neuscholastische Philosophie des beginnenden 20. Jahrhunderts für mich wenig dienlich; die angesprochenen Probleme waren interessant, aber weit weg von den Fragen der Zeit. Umso mehr erwachte in den 40er, 50er Jahren mein Interesse an der Philosophie, als ich die großen Philosophen entdeckte – und vor allem einige zeitgenössische Autoren. Ich denke an Romano Guardini, an Karl Rahner, an Bernard Lonergan. Durch sie wurde meine Liebe zur Philosophie wieder geweckt. Ich habe damals intensiv studiert; in den freien Momenten versuchten wir den Leuten beim Wiederaufbau zu helfen, besonders in den Pfarreien. Dann begann für mich das Theologiestudium. Ich habe keine Lehrpraktika in den Kollegien gemacht; denn ich sollte die Heilige Schrift studieren. Die theologischen Studien in Chieri bei Turin haben mich sehr fasziniert. Ich begeisterte mich für die Texte, besonders die biblischen, und konnte mich stundenlang hineinverlieren, ohne zu merken, wie die Zeit verflog.

Nach dem Studium der Theologie begann ich mit der Spezialisierung in Bibelwissenschaften; ich lernte Hebräisch, Aramäisch und andere Sprachen.

Priesterweihe in Chieri, 13. Juli 1952

Noch während des Theologiestudiums, im dritten Jahr, wurde ich – wie seinerzeit bei den Jesuiten üblich – zum Priester geweiht. In Chieri arbeitete ich dann ein wenig in der Seelsorge; für einige Zeit ging ich in die Schweiz. Am

eindrücklichsten hat sich mir aus diesem Lebensabschnitt der Besuch in den Gefängnissen eingeprägt. Es handelte sich um die kleinen Bezirksgefängnisse von Chieri, die ich jede Woche besuchte, um die Gefangenen zu treffen. Das war mir ein Herzensanliegen, und so ist es geblieben.
In Chieri unterrichtete ich Fundamentaltheologie und Frühgeschichte des Christentums, eine Disziplin, die ich schon in Rom studiert hatte.

In jener Zeit unternahm ich die erste Reise ins Heilige Land, nach Israel – noch mit dem Auge des Archäologen, der sich für die alten Ruinen interessiert. Doch da ist mir etwas widerfahren, was sich mir tief eingeprägt hat.
Wir besuchten die unweit von Jerusalem gelegenen Zisternen von El Gib, die aus der Zeit von König Salomo zu stammen scheinen; sie sind sehr tief. Die Archäologen, die sie aushoben, hatten die Erde ringsum aufgeworfen. Auf diesem hohen

Wall gingen wir entlang und fotografierten. Ich war der letzte, und als ich oben war, gab plötzlich – vermutlich aufgrund des Gewichts der anderen – die Erde nach und kam ins Rutschen; ich sah mich schon in den Brunnen stürzen. In diesem Augenblick schoss mir ein Gedanke durch den Kopf, glasklar: Wie schön ist es, hier im Heiligen Land zu sterben!
Dieser Gedanke gab mir tiefen Frieden. Innerlich ruhig, versuchte ich die Hände in den Boden zu bohren – und fand in letzter Sekunde Halt. Sonst wäre ich abgestürzt. Einigen Arabern, die in der Nähe waren, gelang es, mich hinaufzuziehen. Mein Fotoapparat ging verloren, meine Uhr landete mitten auf der Straße, doch ich selbst kam fast unversehrt heraus – mit dem Wissen: Das ist mein Land! Es war eine ganz starke Intuition, die ich später, 1986, in die Worte gefasst habe: *Jeder ist in Jerusalem geboren.* Diese tiefe Ahnung überkam mich immer wieder, wenn ich nach Jerusalem reiste. Ich weiß noch, wie ich eines Abends hier auf der Terrasse des Bibelinstituts stand, die Mauern

der alten Stadt betrachtend, und mir sagte: Das ist meine Stadt; eines Tages werde ich hierher kommen, um hier zu leben. So ist meine Liebe zu diesen Orten gewachsen, und auch das Interesse an den vielen Problemen der Menschen hier.

Feierliche Ordensprofess, Chieri, 2. Februar 1962

Ich wurde nach Rom ans Päpstliche Bibelinstitut geschickt, um die Studien weiter zu vertiefen und auch selbst zu unterrichten. Damals begann ich mich besonders für die Geschichte der Handschriften, der alten Papyri, zu interessieren. Noch heute beschäftige ich mich damit; ich habe die Arbeit daran nach langen Jahren der Unterbrechung wieder aufgenommen. Wenn ich vor einem griechischen oder hebräischen Text sitze, verliere ich jedes Zeitgefühl und kann ganz darin versinken. Ich habe den Eindruck, durch die Dokumente, die 1700 bis 2000 Jahre Geschichte hinter sich haben, ganz unmittelbar, mit der Hand sozusagen, die Ursprünge jener Gemeinschaften, die Anfänge des christlichen Glaubens greifen zu können – mehr noch, als ich es vor den steinernen Relikten aus jener Zeit erlebe.

Es war eine ereignisreiche Zeit dort am Päpstlichen Bibelinstitut; zwei Punkte, die das Studium betreffen, möchte ich erwähnen.

Erstens: Nach meiner Ernennung zum Rektor des Instituts kam ich häufig nach

Jerusalem. Ich begann, engere Kontakte zur Hebräischen Universität zu knüpfen, und kam mit bedeutenden Persönlichkeiten zusammen; ich denke an den Rektor, Professor Shemariau Talmon, der mich bis heute durch seine Freundschaft beehrt, an Professor Verbiowsky und viele andere. Gemeinsam legten wir ein Programm fest, das es unseren römischen Studenten – großteils waren es Priester, Ordensmänner und -frauen – ermöglichen sollte, ein Semester an der Jerusalemer Universität zu verbringen. Die dort besuchten Seminare würden anerkannt. Mir schien dies die beste Weise zu sein, um die Studierenden mit der Welt des Judentums, seiner Kultur, seinen Traditionen und auch mit der Welt der Wissenschaft bekannt zu machen. Dieses Programm funktioniert noch heute, nach dreißig Jahren. Immer noch nehmen zahlreiche Studenten an dem Kurs teil.

Als Zweites möchte ich meine Berufung in ein kleines Gremium von fünf Personen nennen; unter der Mitwirkung von

Mit den Studenten des Bibelinstituts in Rom, 1969

Spezialisten für Textkritik, für griechische und aramäische Philologie und für die Geschichte der Übersetzungen sollte diese Gruppe eine neue kritische Ausgabe des griechischen Neuen Testaments besorgen, die als Grundlage für die Übersetzungen in 800 Sprachen dienen würde. Große Namen waren vertreten: Allen Wikgren, der Griechisch-Spezialist, Kurt Aland, der Begründer des Instituts für Neutestamentliche Textforschung in Münster/Westfalen, Matthew Black, der schottische Aramäisch-Spezialist, und Bruce Metzger. Ich war in dem

Gremium der einzige Italiener und der einzige Katholik.
Es war eine wirklich schöne Zusammenarbeit; wir gehörten zwar verschiedenen Konfessionen an, doch vor ein und demselben Text fanden wir uns zusammen, als ob es keine Differenzen geben würde. Am Morgen nahmen wir, nach protestantischer Gepflogenheit, die Arbeit auf, indem wir ausgehend von einem Bibeltext etwa eine halbe Stunde im Gebet verbrachten; in der Vorbereitung wechselten wir uns turnusmäßig ab. Dann widmeten wir uns dem neutestamentlichen Text; wir schauten uns die betreffenden Wörter im Einzelnen an, diskutierten über einzelne Wörter eine Viertelstunde, zwanzig Minuten, eine halbe oder eine ganze Stunde, bis wir zu einer gemeinsamen Einschätzung kamen, welche Variante zu bevorzugen sei. Dies nahm viele Wochen Zeit in Anspruch; ich habe in dieser Gesellschaft viel gelernt und mich davon überzeugen können, dass die konfessionellen Unterschiede vor dem biblischen Text keine Bedeutung haben.

Während meines Aufenthalts in Rom lernte ich die Gemeinschaft von Sant'Egidio kennen. In jener Zeit, als die politische Theologie in Mode war, suchte ich eine Aufgabe, die eine Verbindung mit der Bibel hatte und zugleich im Dienst der Ärmsten stand. Ich fand sie bei Sant' Egidio, wo ich manchmal an den Gebeten und an der Bibellektüre teilnahm und wo wir vor allem ganz einfache Dienste für die Leute verrichteten.

Ich erinnere mich gut an einen alten Mann, der in Trastevere wohnte, in zwei kleinen, schmutzigen Zimmern voller Gerümpel. Guten Willens machten wir uns daran sauberzumachen, was ihn keineswegs erfreute: Er war gewohnt, in diesem Durcheinander zu leben. Doch wir drängten ihn, unseren Dienst anzunehmen. Er war Priestern gegenüber eher skeptisch eingestellt, aber er sah unseren guten Willen, ließ uns machen und dankte uns am Ende. Wir besuchten ihn später wieder, und er blieb ein Freund von uns.

Neben Trastevere suchten wir auch andere römische Viertel wie Primavalle auf, um den Menschen, besonders den Ärmsten, die Frohe Botschaft zu bringen. Wir feierten die heilige Messe in Kellerräumen oder in leer stehenden Läden. Dort habe ich ein wenig verstanden, was es heißt, in der Peripherie Roms zu leben – und ich habe dort viele gute Leute kennengelernt. Man kann diese Erfahrung auch als eine Art Vorbereitung auf die Seelsorgstätigkeit ansehen, die später in Mailand meine ganze Zeit einnahm.

Meine religiöse Erziehung und meine katechetische wie theologische Ausbildung sind vollständig vorkonziliar. Es gab ein festgefügtes System ohne Fantasie und Kreativität. Wenn ich das Ganze mit einem Attribut belegen sollte, würde ich es – man möge mich nicht missverstehen – ein bisschen langweilig, schwerfällig, altbacken nennen.

Das Zweite Vatikanische Konzil war ein außerordentliches Ereignis, für mich persönlich wie für viele andere. Vielleicht war es der schönste Moment in meinem Leben, ein Augenblick, in dem es möglich war, etwas neu zu denken, Dinge zu lancieren, Vorschläge zu machen; die Atmosphäre war geprägt von einer beeindruckenden Unbefangenheit und Freiheit des Wortes, von der Fähigkeit einer neuen Durchdringung und Vertiefung.

* * *

Als Professoren des Päpstlichen Bibelinstituts verfolgten wir aus nächster Nähe

die Entstehung der Konstitution *Dei Verbum* über das Wort Gottes, über die göttliche Offenbarung. Für uns ging es sozusagen um Leben und Tod; denn hätte das Konzil strenge Regeln für die historisch-kritische Exegese und die Lektüre der Heiligen Schrift durch die Laien erlassen, dann wäre das für uns einer Verurteilung, einer Blockade gleichgekommen. Es wäre das Ende gewesen. Wir waren also ganz intensiv dabei, voller Emotionen und … Begeisterung!
Der endgültige Text der Konstitution war dann absolut zufriedenstellend: Er führt alles zurück auf das Sich-Schenken Gottes, auf die Gabe seines Wortes, wobei mit seinem Wort seine Person, sein Mysterium, sein Geheimnis gemeint ist.

In vielen von uns war, stimuliert durch das Konzil, der Wunsch nach größerer Authentizität, Wahrheit, Armut und Demut in der Kirche lebendig: Weg mit den Ehren und dem Pomp, hinweg mit allem Blendwerk!

Leider ist es da auch zu Übertreibungen und hier und da zu einer schmerzlichen Flucht nach vorn gekommen, aber Papst Paul VI. ist es mit seiner Ausgeglichenheit gelungen, die Situation in der Hand zu halten.

Im Jahr 1972, während meiner Zeit als Dozent und Rektor des Bibelinstituts, bekam ich überraschend Besuch: Karol Wojtyla, damals Erzbischof von Krakau, kam zu mir, nahm in meinem Zimmer Platz und begann von Polen zu erzählen. Er lud mich ein, die polnischen Bibelwissenschaftler zu treffen. Gern sagte ich zu; denn ich war noch nie in Polen gewesen, und ich wünschte mir, meine dortigen Kollegen kennenzulernen.

Ich erinnere mich an die lange Autofahrt zusammen mit meinem Bruder von Turin nach Krakau; auf unserer Reise durch Polen besuchten wir verschiedene Universitäten.
Ich hatte Gelegenheit, auch im Haus von Kardinal Wojtyla Vorträge zu halten. In einem großen Speisesaal fanden die Begegnungen mit den eingeladenen Professoren statt. Obwohl es um biblische Themen ging, hatte er auch Naturwissenschaftler und Philosophen eingeladen, eine Praxis, die er auch als Papst beibehielt.

So lernte ich ihn also aus der Nähe kennen; ich lernte ein wenig Polnisch, so viel, dass ich immerhin einige Wörter verstehen konnte, und feierte in der Kapelle des Kardinals die Eucharistie.
Ich weiß noch, dass er in einem großen Schlafgemach schlief – der Palast war noch im habsburgischen Stil errichtet. In der Ecke stand ein kleines Bett. Auch sonst war alles sehr bescheiden gehalten, wenig komfortabel, doch man lebte mit großer Begeisterung und großem Glauben. Ich hatte den Eindruck von einem Polen, das die Freheit ersehnte, und diese Freiheit fanden die Leute vor allem in der Kirche. Sonntags waren die Kirchen überfüllt; viele fanden drinnen keinen Platz.

Der Besuch in Polen hat es mir ermöglicht, persönlich den Mann kennenzulernen, den ich später als Johannes Paul II. wiedertreffen sollte.

Mit Papst Paul VI. traf ich mich des Öfteren, besonders seit ich Rektor des Päpstlichen Bibelinstituts geworden war. Häufig hatte ich eine Audienz bei ihm; ich erinnere mich an ihn als einen ausgesprochen feinen, angenehmen Menschen. Er hatte immer ein offenes Ohr, wirkte wie jemand, der ganz darauf ausgerichtet war zuzuhören und das, was der andere ihm sagte, wertzuschätzen. Die sehr schönen Begegnungen wurden sozusagen gekrönt durch seine Einladung an mich, im Februar 1978 die geistlichen Exerzitien im Vatikan zu halten. Für ihn sollten es die letzten sein.
Jeden Tag gab es vier Meditationseinheiten; der Papst war bis auf die wenigen Male, da seine Krankheit ihm große Schmerzen bereitete, immer zugegen.
Es war meine letzte Begegnung mit ihm; im August desselben Jahres starb er.
Zu diesem Zeitpunkt befand ich mich in Jerusalem, in Ain Karim. Frühmorgens war ich zum Gebet in die Visitationskirche gegangen; dort erfuhr ich vom Tod Pauls VI. Er hat uns ausgerechnet an ei-

nem Fest verlassen, das im christlichen Orient mit einer feierlichen Liturgie begangen wird und auch ihm selbst viel bedeutete: am Fest der Verklärung Christi.

Johannes Paul II. ernannte mich zum Erzbischof von Mailand – zu meiner großen Überraschung, da ich gerade erst Rektor der Päpstlichen Universität Gregoriana geworden war. Ich fiel aus allen Wolken, auch weil ich als Jesuit nie daran gedacht hatte, einmal so zu „enden". Ich machte mich also auf den Weg nach Mailand, im Gehorsam dem Papst gegenüber und im Vertrauen auf Gottes Wort allein. Ich glaubte fest daran, dass auf irgendeine Weise das Wort Gottes mir schon helfen würde; es würde zu mir sprechen und mich verstehen lassen, was ich sagen soll. Und genau diese Erfahrung habe ich während der Zeit in Mailand gemacht.

Ich muss gestehen, dass mir die Entscheidung, zu einem pastoralen Dienst ja zu sagen, nicht schwer gefallen ist. Die Arbeit mit der Gemeinschaft von Sant'Egidio hatte mich immer mehr davon überzeugt, wie wichtig Beziehungen in der seelsorgerischen Arbeit sind. So gab ich meine Studien auf, ohne ihnen groß nachzutrauern, und nun, viele Jahre später, habe ich sie wieder aufgenommen, als ob ich sie am Tag zuvor unterbrochen hätte. Der Wechsel in die neue Aufgabe fiel mir also ausgesprochen leicht. Ich weiß nicht warum, vielleicht ist es Veranlagung, jedenfalls tue ich mich nicht schwer, eine Aufgabe zu lassen und eine andere anzunehmen. Wichtig ist nur, dass es eine interessante, packende Arbeit ist, der ich mich voller Elan widmen kann.

Natürlich hatte ich nicht die geringste Ahnung, was es bedeutet, Bischof zu sein. Die Jesuiten versprechen feierlich, auf solche Ämter zu verzichten, und ich hatte den Papst selbst auf diese Schwierigkeit hingewiesen. Er half mir darüber hinweg, indem er mir sagte: „Man muss vorangehen!" Ich versuchte es, ohne zu wissen wie.

Den Einzug in Mailand gestaltete ich in der Form eines Gangs durch die Stadt bis zur Kathedrale, zu Fuß, mit dem Evangeliar in der Hand; denn das Evangelium war gewissermaßen das Einzige, was „mein" war und was ich studiert hatte.

Unterwegs hielt ich ab und zu an, um einen Abschnitt aus der Heiligen Schrift zu kommentieren.

Ich kam an dem großen Gefängnis *San Vittore* vorbei und spendete den Segen. Dabei dachte ich: Da leben Hunderte Menschen, die ich besuchen muss! (Als ich wenige Monate später meine Pastoralbesuche begann, ging ich als Erstes in das Gefängnis, und ich bin oft wiedergekommen. Jedes Jahr habe ich dort die erste Weihnachtsmesse gefeiert und den Inhaftierten alles Gute zum Fest gewünscht; ich habe ihnen gesagt: Ihr seid die ersten in Mailand, denen ich die weihnachtlichen Glück- und Segenswünsche überbringe.)

Ich zog dann zur Eucharistiefeier in den Dom ein. In der Homilie bezog ich mich auf das Evangelium und die Lesungen des Tages; denn dies war das Einzige, wozu ich etwas zu sagen wusste.
Auf diese Predigt hin bat mich eine Gruppe junger Leute, ihnen zu helfen, vom Evangelium ausgehend beten zu lernen. Ich sagte zu …

Wie gut erinnere ich mich noch an jenen Abend im Mai, als wir auf der Wiese im Mailänder Großen Seminar *Corso Venezia* saßen. Etwa zweihundert Jugendliche waren gekommen. Ich erklärte ihnen kurz, wie man mit der Heiligen Schrift meditieren kann. Jemand bat mich um konkrete Beispiele, und so vereinbarten wir für den September/Oktober eine Begegnung im Dom.

Ich hatte erwartet, dass sich von den zweihundert jungen Leuten vielleicht fünfzig daran erinnern würden. Doch es waren viele Hundert, die da vor mir saßen! Ich sagte mir: Vielleicht waren sie neugierig, wie das wohl wird; beim nächsten Mal kommt sicher nur noch die Hälfte. – Von wegen! Es kamen mehr als doppelt so viele, und es wurden von Mal zu Mal mehr, bis der Dom aus allen Nähten platzte.

Meine Schrifterklärung war keine Exegese, kein Kommentar, auch keine Predigt. Es war das, was ich *lectio divino* nenne, eine Form der geistlichen Schriftlesung. Man nimmt einen Abschnitt der Bibel, lernt davor still zu werden und sich von dem Text befragen zu lassen.

Die jungen Leute, die in den Bänken, auf der Erde, auf den Altarstufen und sonstwo saßen, folgten mit äußerster Aufmerksamkeit. Ich lud sie dann zu einer Zeit absoluten Schweigens ein, ohne jede Musik und ohne Gesang. Und ich erinnere mich, dass nicht das kleinste Geräusch zu hören war, außer dem Umblättern der Seite in der Bibel. Die Jugendlichen meditierten und beteten.

* * *

Viele haben mir seither geschrieben, einige schreiben mir noch heute und erzählen mir von diesen Tagen. Sie sagen mir, dass sie damals im Licht des Wortes Gottes sich selbst besser verstanden haben, dass sie ihre Berufung fanden, ihren Platz im Leben, dass sie neuen Mut fassten und auch für dunkle Zeiten Orientie-

rung fanden. Ich habe da ganz konkret verifizieren können, dass es stimmt, was ich selbst während meiner biblischen Stu-

dien erlebt hatte: Das Wort Gottes erleuchtet wirklich, es gibt unserem Leben Orientierung und formt es.

Nachdem ich zwei oder drei Monate in der Diözese war, wurde mir gesagt, dass ich einen Pastoralbrief schreiben müsse. Ich wusste nicht recht, was das sein sollte. Dann überlegte ich, welches Thema ich behandeln könnte, und was mir einfiel, stellte eine gewisse Überraschung dar: *die kontemplative Dimension des Lebens*.

Ich sagte mir: Ich spreche zu einer Stadt, die für ihr frenetisches Treiben, ihre hektische Geschäftigkeit bekannt ist. Dabei ist es so wichtig, einmal einen Moment an-

zuhalten, innezuhalten, zu lernen still zu werden und sich in Ehrfurcht dem Hören des Wortes Gottes zu widmen, das sich nur in der Stille vernehmen lässt.
Dieser erste Brief von mir hat viele Menschen beeindruckt; denn er ging „gegen den Strom". Wahrscheinlich hatte keiner damit gerechnet; erwartet wurde ein Brief moralischen Inhalts mit Leitlinien für ein menschliches, solidarisches Handeln. Ich hingegen setzte beim kontemplativen Schweigen an.

Der nächste Pastoralbrief trug den Titel *„Im Anfang: das Wort"*, das Wort, in dem wir erschaffen sind und das uns heute erreicht durch das Wort des Evangeliums, durch die Lektüre der Heiligen Schrift. Es ist ein Wort, das dem Leben Richtung gibt, das unser Leben formt und lenkt. Es ist ganz wichtig, dass wir lernen es zu hören.

Mir scheint, dass ich als Bischof vor allem eine Aufgabe wahrgenommen habe: in den Begegnungen mit Laien, mit Priestern, mit Pastoralräten und Jugendgruppen … das Wort Gottes zu erklären! Natürlich ging es dabei nicht so sehr um *meine* Erklärungen; vielmehr bemühte ich mich nach Kräften, die anwesenden Personen dahin zu bringen, dass sie selbst dem Inhalt des biblischen Textes und den darin enthaltenen Werten begegnen, sodass ein jeder sich im Schweigen fragen kann:

Was sagt der Text mir?
Und was kann ich dem sagen,
der hier zu mir spricht?

Am Ende meiner Ausführungen habe ich den jungen Leuten oft gesagt: Wenn ihr denjenigen vergesst, der gerade zu euch geredet hat, wenn ihr euch vor den Text „hinstellt“ und spürt, dass er *von euch* spricht, besser noch: dass er *zu euch* spricht, dann habt ihr genau das erreicht, was ich mir für euch gewünscht habe; dann habt ihr schon den halben Weg geschafft.

Ein sehr schmerzliches Kapitel meiner Mailänder Zeit war der Terrorismus. Begonnen hatte es etliche Jahre zuvor mit dem verheerenden Blutbad in der *Banca dell'Agricoltura* an der Piazza Fontana, wo auch die Wohnung des Bischofs liegt. Es folgten weitere Anschläge und Attentate, darunter die Entführung und Ermordung von Aldo Moro.

Die Nachricht vom Tod des Richters Galli erreichte mich während einer Sitzung mit meinen Mitarbeitern. Ich fühlte mich sofort gedrängt, zum Tatort zu eilen, um den Leichnam zu segnen. Galli war in einem Korridor der Staatlichen Universität getötet worden, wenige Meter vom Bischofshaus entfernt. Meine Mitarbeiter reagierten auf mein Ansinnen mit Zurückhaltung; vielleicht wollten sie nicht, dass ich mich zu sehr exponierte, aber ich setzte mich durch und ging.

Ich sah den leblosen Körper ausgestreckt auf dem Korridor im Universitätsgebäude liegen, ein unvergesslicher Anblick, der mich bis heute erschüttert. Ich weiß nicht mehr, ob ich mich in meiner Fassungslosigkeit hinkniete oder bekreuzigte; zum ersten Mal begegnete ich dieser Form von Grausamkeit, die ich dann noch öfter erleben musste. Ich denke an die Ermordung des Journalisten Tobagi und vieler anderer. Es war eine ungemein schlimme Situation, nicht nur wegen des furchtbaren Schmerzes der Hinterbliebenen, wegen der ohnmächtigen Bestürzung der Bevölkerung, sondern auch, weil es offenbar jeden treffen konnte: Mal war ein Richter Opfer, dann ein Journalist, ein Unternehmer, ein Krankenhaus- oder Fabrikdirektor ... Keine Gruppe war sicher, jeder musste um sein Leben fürchten. Angesichts dieser dramatischen Lage kann ich den Mut der Menschen nur bewundern, die nicht aufgaben und weitermachten – ich würde nicht sagen mit dem Mut der Verzweiflung, sondern mit dem Mut der Hoffnung: Die Leute verstanden, dass es so nicht weitergehen konnte.

Ich hatte Gelegenheit, die Terroristen, die Mitglieder der Roten Brigaden und die Ex-Terroristen im Gefängnis zu besuchen.

Ich habe mich immer bemüht, den einzelnen Menschen gegenüber aufmerksam zu sein, mit ihnen ins Gespräch zu kommen und ihre Welt ein wenig zu verstehen. Einmal zu Weihnachten erreichte mich eine völlig unerwartete Bitte. Einer von den Brigaden bat mich, seine Zwillinge zu taufen, die er während eines Prozesses gezeugt hatte, auf skandalöse Weise also. Ich sagte zu, auch wenn meine Entscheidung in meiner Umgebung nicht gutgeheißen wurde. Doch mir schien es eine menschliche und christliche Entscheidung zu sein; welche Beweggründe auch hinter der Bitte stehen mochten, ich meinte sie nicht abschlagen zu dürfen.

All diese Bemühungen haben sich gelohnt. Ich habe bemerkt, wie sich die Einstellung der Einzelnen allmählich veränderte. Einige sagten mir – und noch heute erinnere ich mich an die Formulierungen:
„Als wir zuschlugen, haben wir nicht die Menschen gesehen. Es war, als ob vor uns alles dunkel gewesen wäre; wir haben ins

Dunkel hinein geschossen. Dann haben wir angefangen zu begreifen, dass es menschliche Personen waren; da hat sich unser Denken langsam verändert. Und auch unser Herz."

Einige Zeit später geschah etwas gänzlich Ungewöhnliches: Ich bekam im Bischofshaus Säcke voller Waffen und Handgranaten überreicht. Sofort verständigte ich den Präfekten. Ich bot an, einen Sack zu öffnen, doch zu Recht hielt er mich davon ab: Ich solle die Polizei rufen. In den Säcken war tatsächlich genug explosives Material, um den ganzen Palast in die Luft zu sprengen.

Jedenfalls war es ein Zeichen, dass etliche Mitglieder der Roten Brigaden begannen, die Unsinnigkeit ihrer Pläne einzusehen; es war ein deutliches Signal, dass sie kapitulierten. Ein überaus schmerzliches Kapitel fand so wenigstens zum Teil ein positives Ende.

Die Besuche in den Gefängnissen haben mir wie schon gesagt immer viel bedeutet. Ich halte es für wichtig, den Gefangenen große Aufmerksamkeit entgegenzubringen, ihnen zuzuhören und zu versuchen, ihre Probleme zu verstehen. Ich habe einige Bücher zu diesem Thema geschrieben; denn ich bin fest überzeugt, dass das Gefängnis heute nicht das Mittel der „Erlösung", der Wiedereingliederung in die Gesellschaft und der Gesundung ist, das es sein müsste; im Gegenteil, es wird fast so etwas wie ein Folterwerkzeug und kann dazu führen, dass jemand ein schlechterer Mensch wird, als er zuvor gewesen ist. Ich habe mich sehr dafür engagiert, dass in den Gefängnissen eine Resozialisierung ermöglicht wird, und in einigen Fällen habe ich alternative Strafen angeregt – nicht auf Kosten der Sicherheit der Bevölkerung, sondern um sie zu erhöhen.

Diese Problematik hat mich während meines bischöflichen Dienstes nicht losgelassen. Oft habe ich mir gedacht: Nie fühle ich mich so sehr als Bischof wie in den Momenten, in denen ich im Gefängnis bin. Da habe ich den Eindruck, voll und ganz meine Sendung zu leben.

Im Zusammenhang mit dem Thema „Achtung vor den Menschen" möchte ich auch an die „Cattedra dei non credenti" erinnern, ein Forum für das Gespräch mit Nichtglaubenden.
Ich hatte reichlich Gelegenheit, Christen, Gläubige zu treffen und dabei auf unterschiedlichste Weise das Wort Gottes weiterzugeben. Doch, so fragte ich mich, wo sind die Menschen, denen ich nie begegne? Was machen sie?
Ein Priester, der auch Gefängnisseelsorger war und mit dem ich eng zusammenarbeitete, schlug mir vor, eine „Cattedra", einen „Lehrstuhl" der Nichtglaubenden einzurichten. Ich dachte kurz nach und fand, dass der Vorschlag ernst zu nehmen war. Der Genitiv, „Lehrstuhl *der Nichtglaubenden*", war – mit einem Fachbegriff gesagt – als *genitivus subiectivus* zu verstehen, das heißt: Es würde darum gehen, Nichtglaubende einzuladen, ihre Gründe darzulegen, weshalb sie nicht glauben.
Selbstverständlich habe ich die Personen mit Bedacht ausgewählt. Ich wollte keine akademischen Lehrvorträge; vielmehr

sollte jeder ehrlich sagen, wie das Thema zu einer Anfrage an ihn selbst wird, wie es ihm damit geht, dass er Gott nicht kennt, ob er vielleicht auf der Suche ist – oder auch nicht. Es gab im Verlauf der Veranstaltungen sehr schöne, tiefe Momente, zum Beispiel als wir Themen wie diese behandelten: Glauben und Nicht-Glauben in Beziehung zur Stadt; Glauben bzw. Nicht-Glauben und die Gefühle, … die Kunst, … die Literatur, … der Schmerz; Glauben und Nicht-Glauben im Blick auf Auschwitz, auf Hitlers schreckliche Judenverfolgung und Völkermord. Zahlreiche Menschen nahmen mit großem Interesse teil, viele, die nicht zur Kirche gehen, kamen und hörten zu; denn wer sprach, war bereit, sich in Frage stellen zu lassen und dabei den bisweilen dramatischen und problematischen eigenen Weg zumindest anzudeuten.

Vier, fünf, sechs Abende hörte ich zu. Bei der letzten Veranstaltung gab ich mein Zeugnis und ließ die anderen teilhaben an dem, was ich beim Zuhören gelernt hatte.

Tausende Personen haben an den Begegnungen teilgenommen. Ich habe nicht gefragt, ob sie glauben oder nicht; vielmehr wollte ich wissen: Seid ihr denkende Menschen oder nicht? Wenn ihr denkende Menschen seid, dann kommt und nehmt in aller Freiheit teil. Wichtig ist, dass ihr lernt zu denken, unruhig zu werden: Ihr, die ihr glaubt, lasst euch beunruhigen, was euren Glauben betrifft: Ob er wirklich fundiert ist? Ihr, die ihr nicht glaubt, lasst euch beunruhigen, was euer Nicht-Glauben betrifft: Ob es wirklich fundiert ist?
Die Veranstaltungsreihe der „Cattedra" hat es mir somit ermöglicht, mit sehr vielen Menschen zusammenzukommen.

Meine persönliche Geschichte mit der Ökumene umfasst verschiedene Kapitel. Ich könnte damit beginnen, dass ich als Exeget jede Menge Bücher von Exegeten anderer Konfessionen gelesen habe. Bei unseren Begegnungen haben wir immer mehr bemerkt, dass es in unserer Arbeit keine großen Grunddifferenzen gab. Ich habe auf diese Weise etwas von der Welt der „nichtkatholischen Christen" kennengelernt – und ich habe sie schätzen gelernt wegen ihrer Spiritualität, ihres Betens. Ich erinnere mich an außergewöhnliche Persönlichkeiten wie Rudolph Bultmann, einen der größten Exegeten des 20. Jahrhunderts; bis heute habe ich vor Augen, mit welcher Intensität er sich während unserer Treffen im Gebet sammelte; ich denke an Oscar Cullmann und viele andere Exegeten aus verschiedenen Ländern.

Nachdem ich Bischof von Mailand geworden war, hatte ich die Möglichkeit, die Ökumene expliziter zu fördern, insbesondere als Präsident des Rates der europäischen Bischofskonferenzen, in dem nicht nur die Bischofskonferenzen der Länder der Europäischen Union vertreten sind, sondern auch zahlreiche andere des europäischen Kontinents, der ja bis zum Ural reicht. Wir haben regelmäßige Beziehungen mit der Konferenz Europäischer Kirchen (KEK) unterhalten, einer Gemeinschaft von über 120 protestantischen und altkatholischen Kirchen und Gemeinschaften sowie allen orthodoxen Kirchen Europas. Wir trafen uns zu festgesetzten Terminen; insbesondere ist es uns gelungen, die große Erste Europäische Ökumenische Versammlung in Basel (1989) zu organisieren.

Im Vorfeld gab es viele Zweifel an diesem Unterfangen; denn es war das erste Mal, dass sich europäische Christen aller Konfessionen versammelten. Die etwa 700 Teilnehmer waren von den Gemeinschaften selbst nominiert worden. Man hatte ein recht langes Dokument vorbereitet, das intensiv diskutiert wurde. Nach einer Woche sollte am letzten Tag – es war ein

Samstagvormittag – die Schlussabstimmung stattfinden. Wir waren ein wenig in Sorge; denn es war schwierig zu verstehen, was die Teilnehmer mit ihren verschiedenen Mentalitäten wohl dachten: Würde das Dokument angenommen? Ich erinnere mich, dass es ein Anglikaner war, der die Versammlung leitete. Er machte das hervorragend. Vor der Abstimmung setzte er einen Moment der Stille und des Gebetes an; dann schritt man zur Abstimmung – und das Dokument wurde mit 98% Ja-Stimmen angenommen. Für uns war es ein deutliches Zeichen, dass der eingeschlagene Weg richtig gewesen war.

Der Weg war gebahnt. Weitere Versammlungen wie die in Graz 1997 folgten. Es waren auch Freundschaften zwischen christlichen Gemeinschaften entstanden, sodass die Ökumene, für die wir uns einsetzten, nicht nur eine „Sache von oben" war, das heißt nicht nur die Angelegenheit von Theologenkommissionen und Spezialisten, sondern der Basis. Nur mit persönlichen Begegnungen, Begegnungen von Diözesen, Pfarreien und Gemeinden wird man das Klima in der Christenheit wirklich ändern können.

Zwar habe ich die Entwicklung nicht mehr so aus der Nähe mitverfolgt, aber ich weiß, dass man in den letzten Jahren einen guten Weg gegangen ist, auch wenn es vielleicht hier und da zu einem gewissen Stillstand gekommen ist. Auf jeden Fall haben wir auf dem Weg der Ökumene seit dem Zweiten Vatikanischen Konzil mehr Fortschritte gemacht als in den vierhundert Jahren vorher.

Neben dem ökumenischen Dialog gab es zahlreiche Gelegenheiten, den interreligiösen Dialog zu pflegen, vor allem mit den Juden; denn mit dem Judentum stehen wir als Christen in einer besonderen Verbindung, dort finden wir unsere Wurzeln.

In Mailand war es mir dank der großen Offenheit und Sensibilität der jüdischen Gemeinde möglich, Dialogveranstaltungen zuwege zu bringen, die viel Anklang gefunden haben. Gemeinsam veranstalteten wir Zusammenkünfte, bei denen wir Texte der Heiligen Schrift miteinander auslegten.

Gelegenheiten zum Dialog boten sich natürlich auch im Rahmen von Reisen und bei Begegnungen mit den verschiedenen Gemeinschaften.

Auch mit den Muslimen hat sich der Dialog entwickelt, besonders während der großen Friedensgebete, welche die Gemeinschaft Sant'Egidio in einigen europäischen Städten organisiert hat und an denen ich teilnehmen konnte. Es ergaben sich Begegnungen mit Vertretern der muslimischen Welt, gebildeten Persönlichkeiten, mit denen ein bemerkenswerter Austausch zustande kam.

Auch mit dem Orient bin ich in Kontakt gekommen. Ich hatte Gelegenheit, sowohl die hinduistische als auch die buddhistische Spiritualität kennenzulernen. Ich erinnere mich an ein langes Gespräch mit einem alten buddhistischen Mönch, in einem Kloster auf einer Insel bei Hongkong. Am Ende sagte er zu mir: „Wir sprechen eine andere, fast gegensätzliche Sprache (er sprach vom Nichts und ich vom personalen Gott), aber im Grunde sagen wir das Gleiche." Mir schien die tiefste Erfahrung tatsächlich recht ähnlich, so grundverschieden die Begriffe und Konzepte auch waren.

So habe ich gelernt, mit großem Wohlwollen auf den interreligiösen Dialog zu blicken; denn bei allen bestehenden Differenzen gibt es zwischen den Religionen doch viele gemeinsame Grundelemente.

Der Hauptgrund für meine diversen Reisen in andere Länder war der „Dienst am Wort Gottes". Viel Zeit blieb mir nie dafür; denn in meiner Diözese erwarteten mich gleich wieder Pastoralbesuche. Mailand ist ja die größte Diözese der Welt, was die Zahl der Pfarreien, der Priester und der katholischen Institutionen betrifft. Doch jedes Jahr gab es zwei freie Zeiten: Ende Juli/Anfang August, wenn die Mailänder Ferien machen und keine Pastoralbesuche stattfinden, und im Februar, was damit zusammenhängt, dass der Karneval im ambrosianischen und im römischen Kalender auf unterschiedliche Termine fällt.

Ich habe etliche Reisen in andere Kontinente unternommen, vor allem um Exerzitien zu halten, aber auch um andere Kulturen kennenzulernen. Vor allem zwei Reisen sind mir in Erinnerung geblieben: die nach Japan und die nach Indien.

Was Japan angeht, bekam ich einen vielsagenden Hinweis: Wenn ich merke, dass ich nichts begreife, sei dies das Zeichen, dass ich in jene geheimnisvolle Welt ein klein wenig einzudringen beginne!

Indien ist eine andere Welt, die mich stark beeindruckt hat. Ich bekam einen kulturellen Schock. Zwei Wochen war ich dort, habe viele Städte besucht. Ich bemühte mich, „einzutreten" in die Erfahrungen der Menschen – in ihr Beten wie in die Armut, in der sie leben. Das hat mich dermaßen durcheinander gebracht und mitgenommen, dass ich an einem gewissen Punkt krank wurde.

In vielen Städten, die ich besuchte, gab ich Bibelkurse und Exerzitien – immer nach der gleichen Methode. Ich bin überzeugt, dass eine einfache, klare Struktur hilft, sich etwas einzuprägen. Im Grunde halte ich mich an das, was der heilige Ignatius von Loyola in seinem Exerzitienbüchlein empfiehlt; es ist ein dreistufiger Weg: *lectio, meditatio, contemplatio.*

Zuerst die *lectio*: das wiederholte Lesen des (biblischen) Textes. Dabei versucht man, die tragenden Elemente in den Blick zu bekommen (Struktur, Bezüge, Kontext), um die Frage beantworten zu können: Was sagt der Text?

In der zweiten Stufe, der *meditatio,* wird der Blick auf die „message“, auf die Botschaft des Textes und die darin enthaltenen Werte gelenkt. Man nimmt sich vor, auf die Frage zu antworten: Was sagt dieser Text mir, uns heute?

In der *contemplatio* schließlich fragt man sich: Was sage ich dem, der zu mir spricht durch den meditierten Text? An dieser Stelle beginnt die Übung des Gebets, des Dialogs mit Gott.

Es geht also nicht um eine akademisch-wissenschaftliche Methode, sondern um eine Übung, in welche ein jeder, eine jede ganz persönlich miteinbezogen ist – im Gebet, in der Anbetung, in Lob und Dank, in der Bitte um Vergebung, in der Einladung zu einer Änderung des Lebens.
Ich habe bemerkt, dass diese einfache Methode von sehr vielen Menschen verstanden worden ist. Vielleicht haben sie sie nicht selbst praktiziert, aber zumindest haben sie ihre Bedeutung verstanden.

Meine erste Begegnung mit den Bergen reicht in meine Kindheit zurück: Mein Vater hat mir von klein auf seine Liebe zu den Bergen eingeflößt. Diese Liebe ist immer in mir lebendig geblieben, ohne dass ich je über die Gründe nachgedacht hätte. Man fühlt sich dort wohl, aber man kann nicht sagen warum.

Später, als ich aus Altersgründen keine großen Besteigungen und Klettertouren mehr unternehmen konnte, beschloss ich, mir immerhin einen halben Tag in der Woche von den Verpflichtungen des Bischofsdienstes frei zu halten; ich sagte meinem Sekretär, er solle für den Donnerstagvormittag keine Termine einplanen.
Frühmorgens brachen wir auf; wir fuhren irgendwohin, wo ein Bergpfad losging, öfter auch in die italienischsprachige Schweiz, wo man mich nicht so schnell erkannte. Dann stiegen wir ein paar Stunden zügig hinauf. Dies hat mir in meinem Leben als Bischof sehr gut getan; es half mir, meine Ideen zurechtzurücken und die Gedanken wieder zu ordnen. Oft kehrte ich mit neuen Einsichten zurück: Nun wusste ich, was anstand und zu tun war.
Ich habe so fast alle Berge der Diözese kennengelernt. Jetzt ist der heilige Berg, auf dem ich wohne, Jerusalem, und ich habe nicht vor, noch weiter zu steigen.
Übrigens habe ich eine solche Praxis wie das Bergsteigen auch anderen immer wie-

der angeraten. Jungen Bischöfen zum Beispiel gebe ich als Erstes den Rat, sich einen halben Tag in der Woche frei zu halten. Das genügt, um alle Einbildungen und Hirngespinste loszuwerden, die einen im Tagesgeschäft der Leitung der eigenen Kirche überkommen.

Jerusalem ist „meine Stadt". Vieles verbindet mich mit ihr. Nicht zu unterschätzen ist in diesem Zusammenhang die Rolle, welche die Erfahrung des heiligen Ignatius spielt. Als Jesuit habe ich seit meiner Noviziatszeit die *Vita* des Heiligen gelesen, in der er von seinem Wunsch erzählt, in Jerusalem zu leben.

Jetzt, da ich hier bin, habe ich den Eindruck, einem inneren Impuls zu gehorchen – dem gleichen, den Paulus in seiner Rede zu den Ältesten von Ephesus so ausdrückte: „Nun ziehe ich, gebunden durch den Geist, nach Jerusalem, und ich weiß

nicht, was dort mit mir geschehen wird" (Apostelgeschichte 20,22).
Wie mit dem Apostel Paulus weiß ich mich mit Ignatius verbunden, der im 16. Jahrhundert ebenfalls hierher nach Jerusalem kam. Er verspürte den starken Wunsch, in dieser Stadt zu bleiben, aus Liebe zu Jesus, unserem Herrn, aus Liebe zu den Geheimnissen von Jesu Leiden, Tod und Auferstehung, die er in der Nähe der Stätten verehren wollte, wo sie sich zugetragen haben. Sein Traum hat sich zumindest für mich und die kleine Gemeinschaft der Jesuiten, die in Jerusalem lebt, erfüllt.

Jerusalem ist eine Stadt, in der das Wort Gottes und die Würde des Menschen ganz eng verbunden sind. Ich glaube, dass die Zukunft Jerusalems in seinem Namen ausgedrückt ist: „Stadt des Friedens". Friede verstanden als Versöhnung in Fülle, als volle Versöhnung des Menschen mit sich selbst, mit den Menschen und mit Gott. Dies ist der Wunsch, den Jerusalem all denen zuspricht, die es besuchen, besonders denen, die mit den Augen des Glaubens hierher kommen und sehen: Auch wenn diese Stadt nicht frei von Konflikten ist, so ist sie doch vor allem eine Stadt des Gebetes, des Dialogs und der Liebe.

Lebensdaten

15.2.1927	Geburt in Turin
25.9.1944	Eintritt in die Gesellschaft Jesu
13.7.1952	Priesterweihe in Chieri/Turin
1958	Promotion in Fundamentaltheologie an der Päpstlichen Universität Gregoriana mit einer Arbeit über „Das historische Problem der Auferstehung in jüngeren Studien“
2.2.1962	Feierliche Ordensprofess
1962	Professor für Textkritik am Päpstlichen Bibelinstitut in Rom
1964	Mitherausgeber einer Neuausgabe des „Novum Testamentum graece et latine“ von A. Merk; Mitglied des Komitees für die Herausgabe von „The Greek New Testament“
29.9.1969	Ernennung zum Rektor des Päpstlichen Bibelinstituts in Rom
1978	Fastenexerzitien für Papst Paul VI.
18.7.1978	Ernennung zum Rektor der Päpstlichen Universität Gregoriana
29.12.1979	Ernennung zum Erzbischof von Mailand durch Papst Johannes Paul II.

6.1.1980	Bischofsweihe im Petersdom durch Johannes Paul II.
10.2.1980	Offizieller Amtsantritt in Mailand
1980	Beginn der „Schule des Wortes“
2.2.1983	Erhebung zum Kardinal
1987–1993	Präsident des Rates der Europäischen Bischofskonferenzen
1987	Beginn der Veranstaltungsreihe „Glaubensfragen“ oder „Cattedra dei non credenti“
1993–1995	Mailänder Diözesansynode
2000	Ernennung zum Ehrenmitglied der Päpstlichen Akademie der Wissenschaften durch Johannes Paul II.
2002	Ehrendoktor in Erziehungswissenschaften der Katholischen Universität Sacro Cuore/Mailand
11.7.2002	Der Papst nimmt das Rücktrittsgesuch von Kardinal Martini als Erzbischof von Mailand an.
13.9.2002	Abschied von der Mailänder Diözese; Wiederaufnahme der biblischen Studien in Jerusalem, wo Kardinal Martini überwiegend lebt
11.6.2006	Ehrendoktor in Philosophie von der Hebräischen Universität in Jerusalem

Fotonachweis

Archivio famiglia Martini:	
	S. 9, 13, 14, 31, 36, 40, 43, 53
Archivio ITL:	S. 56, 60/61, 62, 69, 80, 84
Elena Bolognesi:	S. 87
Guido Morosi:	S. 5

Carlo Maria Martini im Verlag Neue Stadt

So sehr hat Gott die Welt geliebt
Leitmotive des Johannes-evangeliums
176 S., ISBN 978-3-87996-622-6

Auch die Seele kennt Tag und Nacht
Reflexionen für Zeiten innerer Prüfung
80 S., ISBN 978-3-87996-636-3

Selig seid ihr!
Die Seligpreisungen der Berg-predigt als Lebensprogramm
128 S., ISBN 978-3-87996-550-2